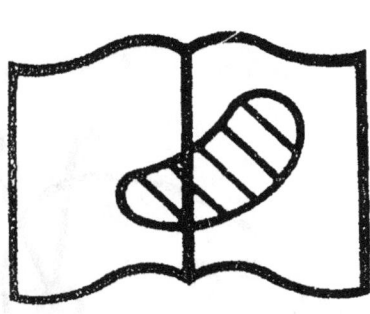

Illisibilité partielle

Contraste insuffisant
NF Z 43-120-14

Valable pour tout ou partie
du document reproduit

Couverture inférieure manquante

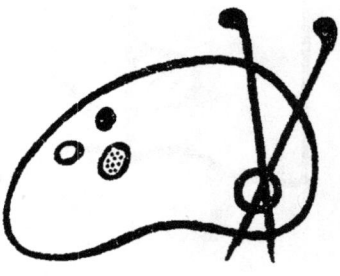
Original en couleur
NF Z 43-120-8

NOTES

SUR LA

TERRE DE FROCOURT

(DIOCÈSE D'AMIENS)

COMMUNE DE SAINT-ROMAIN (SOMME)

Par M. Armand RENDU,

Membre titulaire non résidant de la Société des Antiquaires de Picardie, Archiviste du département de l'Oise.

AMIENS,
Imprimerie A. DOUILLET et Cie, rue du Logis-du-Roi, 13.

1880.

NOTES

SUR LA

TERRE DE FROCOURT

(DIOCÈSE D'AMIENS)

COMMUNE DE SAINT-ROMAIN (SOMME)

Par M. Armand RENDU,

Membre titulaire non résidant de la Société des Antiquaires
de Picardie, Archiviste du département de l'Oise.

AMIENS
Imprimerie A. Douillet et C°, Rue du Logis-du-Roi, 13.

1880

A LA MÉMOIRE

DU GÉNÉRAL SAGET.

NOTES

SUR LA TERRE DE FROCOURT (DIOCÈSE D'AMIENS)

Commune de Saint-Romain (Somme.)

Ces notes ont été écrites d'après les documents comptés en un inventaire fait le 12 septembre 1757, après le décès de la femme de l'un des propriétaires de la terre de Frocourt, Marie-Michelle-Antoinette d'Arie, femme de Louis-Antoine d'Anglos, par les officiers de la justice du temporel de l'abbaye de Saint-Pierre de Sélincourt, seigneur de Frocourt, à la requête de Charles Thiron, notaire royal à Dargies, comme exécuteur testamentaire de ladite dame d'Anglos.

Ces documents étaient au nombre de 257, groupés en 14 liasses, la première A de 24 pièces ; la liasse B de 20 pièces ; C de 19 ; D de 15 ; E de 12 ; F de 14 ; G de 16 ; H de 25 ; J de 18, prouvant que Frocourt est paroisse et ne dépend pas de Saint-Romain ; L de 25 pièces ; M de 3 pièces ; N d'une pièce ; O de 34 pièces, prouvant la noblesse de M. d'Arie constatée par arrêt du Conseil d'Etat du 2 août 1672 ; P d'une pièce.

Presque toutes ces pièces portent leur lettre de liasse et leur numéro d'ordre.

Frocourt, Fraucourt, Freucourt, actuellement hameau de la commune de Saint-Romain (Somme), dépendait du diocèse d'Amiens, et de la prévôté royale du Beauvaisis à Grandvillers. L'abbaye de Saint-Pierre de Sélincourt, dite de Sainte-Larme, du diocèse d'Amiens, était son seigneur, curé primitif et gros décimateur.

Les propriétaires successifs de la terre furent Nicolas de Collemont, Augustin Desplanques, d'Anglos, de la Barre, François de Carvoisin, Jean d'Arie, François Salmon, Antoine d'Arie, Anne Dubois, Antoine d'Anglos, Madame de Fay.

Le premier propriétaire important à Frocourt fut Nicolas de Collemont, bailli de l'abbaye de Saint-Pierre de Sélincourt, à qui l'abbaye, le 12 octobre 1491, donna à cens 24 journaux de terre à Frocourt en la couture de Canle, Dargies et la Haye, moyennant 60 sous tournois ; et en outre 3 journaux des bois de Frocourt, touchant au bois de Dargies, enclos de fossés, moyennant ? sous tournois de dîme par journal, et 5 journaux de terre à Guizancourt, touchant à la chaussée d'Amiens, moyennant 2 sous tournois et demi de dîme par journal.

Augustin Desplanques.

La seconde personne qui, par ses achats de terre, devint le principal propriétaire de Frocourt, fut Augustin Desplanques, receveur des aides à Amiens.

Le 11 octobre 1539 saisine lui fut donnée par le bailliage d'Amiens de 3 quartiers de terre au terroir de Saint-Pierre-lez-Sélincourt (Somme), tenant au chemin qui va de Guizancourt (Somme) à la Haye (Somme), à lui vendus par Jean Gamille, brasseur à Guizancourt, moyennant 6 francs 16 sous tournois et une somme de blé, mesure de Poix (Somme), lesdits 3 quartiers tenus des seigneurs de Sélincourt à cens de 18 deniers tournois (1).

Le 28 janvier 1556 saisine lui fut donnée par l'abbaye de Saint-Pierre de Sélincourt de 8 journaux de terre, à 100 verges le journal, sis à Frocourt, vendus par Jean de Rebecq et Nicolas

(1) Cabinet du général Saget : A. 4.

Masson, laboureurs à Dargies, moyennant 160 livres 22 sous tournois, lesdits journaux tenus à cens et dîme de l'abbaye de Saint-Pierre de Sélincourt (1).

Le 30 juin 1557 saisine lui fut donnée par le bailliage d'Amiens de 8 journaux de terre aux haies de Frocourt, tenus de l'abbaye de Saint-Pierre de Sélincourt à cens de 18 sous et la dîme, vendus par Nicolas Masson, laboureur à Dargies, moyennant 96 livres tournois (2).

Le 4 décembre 1568, saisine lui fut donnée par l'abbaye de St.-Pierre de Sélincourt de 4 journaux de terre à 100 verges le journal, sis aux haies de Frocourt, tenant à la sente de Frocourt à Dargies, et à la rue et voirie, mouvant de l'abbaye à cens de 2 sous tournois et la dîme, et vendus par Mathieu Blondel, laboureur à Frocourt, prévôté de Beauvaisis à Grandvilliers, moyennant 100 livres, 12 deniers et 40 sous pour le vin (3).

Le 22 mars 1571, saisine lui fut donnée par l'abbaye de Saint-Pierre de Sélincourt de 21 journaux un quart vendus par Damiens de la Boissière, en 3 pièces, au terroir de Frocourt, la première contenant 9 journaux tenant au chemin menant du marais à Dargies et Frocourt, chargée de 10 deniers de cens et demi-dîme envers l'abbaye; la seconde contenant 2 journaux un quart au chemin de Frocourt à la Haye, chargée de 2 sous de cens par journal, et la troisième contenant 10 journaux dans lesquels est une carrière tenant au bois de Saint-Romain et au marais tenu du Seigneur de Saint-Romain, à cens de 15 deniers par journal et demi-dîme; ladite vente faite moyennant 1,102 livres 117 sous et 4 deniers (4).

Le 5 novembre 1571, vente lui fut faite par Geoffroy Belhomme,

(1) Cabinet du général Saget : A. 12.
(2)   »   A. 23.
(3)   »   A. 24.
(4)   »   A. 3.

laboureur à Dargies, moyennant 430 livres, 5 sous, plus 40 sous de : 4 journaux et demi de terre tenus de l'abbaye de Beaupré à cens de 19 deniers par journal, au terroir de Dargies, au chemin du *Piéré;* 4 journaux de terre audit terroir, lieu dit la *Gatelette* ; 100 verges chargées de dîme et champart et 140 verges en masures, jardins et terres chargées de 4 deniers de cens et dîme envers Augustin Desplanques à cause du fief qu'il a à Dargies (1).

Il avait acquis en outre de Mathieu Blondel, laboureur à Frocourt, et de Collaye Balleu, sa femme, moyennant 100 livres 12 deniers tournois, un journal de terre de 100 verges, sis à Frocourt, tenu de l'abbaye de Saint-Pierre de Sélincourt, à cens de 2 sous tournois, et un cens d'un journal 20 verges de pré, sis aux prairies de *Baillon,* tenant d'un côté à la chaussée de Baillon à Esquennes (Somme), et d'autre à la rivière de Taussac (Somme), tenu du seigneur de Créquy à cens de 20 sous, lesdits biens donnés à bail ensuite par l'acquéreur aux vendeurs, pour 9 ans, moyennant 7 mines de blé (2).

Il avait aussi une masure et pièce de terre derrière, contenant 140 verges, sise à Dargies, qu'il donna à bail à Geoffroy Belhomme, laboureur à Dargies, pour 3 ans, moyennant 40 sous tournois, le 12 avril 1573.

Il était encore propriétaire de 19 journaux de terre, en 2 pièces, sises au terroir de Frocourt et derrière le village de la Haye, la première de 10 journaux, tenant au chemin des Charbonniers et d'Amiens, dite Camp de Pissis; l'autre, tenant au chemin de la Haye à Guizancourt, qu'il loua à Jean Legault, laboureur à la Haye, paroisse de Saint-Romain, pour 7 ans, moyennant 10 mines de blé et 9 mines d'avoine, mesure de Poix, le 19 juillet 1577.

(1) Cabinet du général Saget : A. 5.
(2) A. 7.

Louis-Antoine d'Anglos.

Le troisième propriétaire, que nous voyons celui-là habiter Frocourt, fut Louis-Antoine d'Anglos, écuier, seigneur d'Orval (Somme).

Le 15 octobre 1628, il échangea lui et sa femme, Marie-Michelle-Antoinette d'Arie, une portion de masure, sise à Frocourt, tenant à la rue, et mouvant de l'abbaye de Saint-Pierre de Sélincourt, cédée à Jacques Sailly, manouvrier à Frocourt, contre une masure sise au même lieu, de même contenance et mouvance (1).

De la Barre.

La terre passa ensuite au sieur de la Barre, et ses cohéritiers la vendirent à François de Carvoisin (2).

François de Carvoisin, seigneur de Marseille, du fief de Ferviller à Dargies, et autres lieux, prit le titre de seigneur de Frocourt.

Ses acquisitions furent nombreuses. En voici la liste :

Le 9 janvier 1630, il acheta de Martin Vasseur, sergent de la chatellenie de Dargies, un journal et demi de terre à Dargies (3).

En janvier 1636, il acquit d'Angéline Desnoix, plusieurs journaux de bois à Frocourt, tenus de l'abbaye de Saint-Pierre de Sélincourt, moyennant 103 livres 5 sous (4).

Le 3 du même mois, il acheta de Jean des Marets, écuier, demeurant à Frocourt, une maison sise à Frocourt, tenant à la rue et aux terres de l'église du lieu, et mouvant de l'abbaye de Saint-Pierre de Sélincourt, à cens de 2 sous, avec 2 journaux de terre à Dargies, moyennant 452 livres, 12 deniers (5).

(1) B. 19.
(2) C. 2.
(3) E. 12.
(4) R. 26.
(5) N.

Le 19 mai 1636, saisine lui fut donnée par le bailli de la seigneurie de Ferviller de 2 journaux de terre à lui vendus par Pierre Belespaille, laboureur à Dargies, et Jeanne Berthe, sa femme, moyennant 156 livres parisis (1).

Le 27 mai 1636, il acheta de Firmin Vasseur, manouvrier à Frocourt, et de Catherine Lhostellier, sa femme, une masure contenant 40 verges avec 75 verges de bois, à Frocourt, tenant à la rue, mouvant de l'abbaye de Saint-Pierre de Sélincourt à cens de 2 sous la masure et de 18 deniers le bois ; 80 verges de terre à Frocourt, tenant au terroir de Dargies, de la même mouvance à cens de 2 sous ; un journal et demi de terre au chemin de Baillon de la même mouvance ; un journal et demi de terre à Dargies, au chemin des Malavisés, mouvant du seigneur de Bourdeille à cens de 12 deniers ; 75 verges de terre audit terroir, au riez, tenu de M. de Créquy à cens de 6 deniers ; 12 verges de terre à Eramecourt (Somme), tenant au bois de Baillon, et au chemin de la Vallée, mouvant de M. de Créquy à cens de 2 sous par journal ; ladite vente faite moyennant 628 livres, un écu d'or et 10 livres (2).

Le 10 juin 1636, il échangea avec François Pollet une maison, chambre, étable, avec terrain de 50 verges, sise à Frocourt, touchant à l'allée de Dameraucourt, tenue de l'abbaye de Saint-Pierre de Sélincourt, contre un journal de bois sis à Frocourt au chemin des Malavisés, avec 33 verges un tiers de bois sises à Frocourt, mouvant de l'abbaye de Saint-Pierre de Sélincourt, cédées par lui, contre un journal de bois à Dargies, en 2 pièces, l'une de 50, l'autre de 30 verges, mouvant du comte de Bourdeille, à cens de 2 sous, cédé par Pollet, moyennant 120 livres tournois, 12 deniers (3).

(1) D. 8.
(2) L. 21.
(3) C. 15.

Le 10 juin 1636, il acheta de Charles Sellier, manouvrier à Frocourt et Madeleine Lecointe, sa femme, un journal de bois taillis sis à Frocourt, mouvant de l'abbaye de Saint-Pierre de Sélincourt, à cens d'un sou, moyennant 50 livres, 100 sous, 12 deniers (1).

Le 10 juin 1636, il échangea avec Martin Vasseur, manouvrier à Frocourt, et Restitue Blondel, sa femme, une masure sise à Frocourt, tenant à la rue, mouvant de l'abbaye de Saint-Pierre de Sélincourt, cédée par lui contre une autre masure au même lieu, mouvant de la même seigneurie, et 37 verges et demie de bois, au chemin de Frocourt à Baillon, et 38 verges un tiers de bois à Frocourt, mouvant de la même seigneurie, cédées par Vasseur (2).

Le 23 juin 1636, saisine lui fut donnée par l'abbaye de Saint-Pierre de Sélincourt d'une masure contenant 4 journaux de pré, sise à Frocourt, avec 8 journaux de terre et 2 journaux de pré au dit lieu, tenus de l'abbaye, à cens de 2 sous 5 deniers par journal de terre, et de 4 sous par journal de pré et la dime, lesdits biens vendus par Nicolas Labarre, marchand à Grandvilliers (3).

Le 23 février 1369, il acheta de Charles Becquerel, manouvrier à Frocourt et Charlotte Lecointe, sa femme, 3 quartiers de terre à Frocourt, tenant au chemin de la Haye, mouvant de l'abbaye de Saint-Pierre de Sélincourt, moyennant 38 livres 12 deniers (4).

Le 20 octobre 1639, il acquit de Jean Thiron, lieutenant de Dargies et de Marguerite Leroi, sa femme, 8 journaux 30 verges de terre à La Haye au chemin du moulin, mouvant de la seigneurie de Dargies à cens de 2 sous par journal, moyennant 210 livres 10 sous (5).

La même année, il acheta de Jean Dupuis, écuier, seigneur des

(1) L. 20.
(2) L. 6.
(3) C. 7.
(4) L. 7.
(5) D. 14.

Marais, 4 journaux de bois à Frocourt, tenus de l'abbaye de Saint-Pierre de Sélincourt, à cens de 2 sous par journal, moyennant 400 livres tournois (1).

Le 1er octobre 1642, sa femme, Marguerite d'Anglos, acheta conjointement avec François d'Anglos, écuier, seigneur de la Haye, de Nicolas de la Barre, une masure et pâture de 3 journaux à Frocourt et 2 journaux de pré à Baillon, tenus à cens de l'abbaye de Saint-Pierre de Sélincourt, moyennant 300 livres prêtées par François de Carvoisin (2).

Le 21 novembre 1643, il échangea avec Charles Legrand, marchand à Frocourt, un quartier et demi de terre en bois taillis sis au chemin de Baillon, tenu de l'abbaye de Saint-Pierre de Sélincourt, cédé par Legrand, contre 5 quartiers de terre au dit terroir tenant au chemin, et un journal de terre audit chemin tenu de l'abbaye de Saint-Pierre de Sélincourt (3).

A ces acquisitions, François de Carvoisin joignit les concessions suivantes qu'il obtint de l'abbaye de Saint-Pierre de Sélincourt : droit de colombier, droit exclusif de chasse sur le terroir de Frocourt, réservée la pêche, droit de détourner le cours de la rivière, pour arroser les prés, sous l'obligation de M. de Carvoisin et de ses successeurs de fournir à l'église de Frocourt un chapeau de roses et autres fleurs le jour de la fête du Saint-Sacrement. 9 juin 1642 (4).

Il obtint de François et Charles d'Anglos, père et fils, écuiers, seigneurs de La Haye, demeurant à La Haye, les droits honorifiques de l'église de Frocourt, moyennant 3 journaux de pré sis à Frocourt, tenant au marais du dit lieu, au bois de Pozières et au terroir de Dargies, et chargés la moitié de 25 sous envers le curé

(1) C. 9.
(2) C. 5.
(3) B. 14.
(4) M. 1.

d'Erâmecourt à cause d'un échange fait entre M. de Carvoisin et les habitants de Frocourt et d'Eramecourt, et tenus quant à l'autre moitié de l'abbaye de Saint-Pierre de Sélincourt. 21 novembre 1643 (1).

Cette transaction fut approuvée par l'abbaye de Saint-Pierre de Sélincourt qui, dans cet acte, reconnut à M. de Carvoisin le titre de seigneur de Frocourt. 12 mars 1644 (2).

Jean d'Arie.

Ces acquisitions, ou autres causes, endettèrent François de Carvoisin (3). Il devait notamment à Jacques Le Tanneur, bailli de Breteuil, la somme de 540 livres pour fourniture d'arbres (4). Une sentence du bailliage d'Amiens du 16 décembre 1643 le condamna à payer cette somme (5), et une ordonnance d'exécution fut donnée le 9 novembre 1644 (6).

Dans cette situation, François de Carvoisin et Jacqueline de Rochechouart, sa femme, demeurant alors en leur château de Marseille, vendirent le 6 novembre 1644, à Jean d'Arie, écuier, seigneur d'Herculet, fief sis à Hardivillers et autres lieux, fils de Pierre d'Arie (7): la maison de Frocourt et dépendances, contenant 5 journaux tenus de l'abbaye de Saint-Pierre de Sélincourt ; 93 journaux de terre à Frocourt ; 2 journaux de terre et 23 journaux de bois ; 7 à 8 journaux de terre, avec 8 journaux de pré, le tout situé à Frocourt, à 80 verges par journal ; tenus tous ces biens de l'abbaye de Sélincourt, du seigneur de Créquy et du seigneur de Bour-

(1) M. 3.
(2) M. 3.
(3) C. 12.
(4) R. 9.
(5) R. 9.
(6) R. 9.
(7) C. 3.

deille, moyennant un cens de 10 livres ; avec le fief de Ferviller, enclavé dans le dîmage de Frocourt, donnant droit de seigneurie dans le village de Dargies, et ayant des censives montant à 23 livres, et donnant droit, pour le seigneur, le jour où on les paie, de se faire nourrir un jour et une nuit, lui, son train, chevaux, et oiseaux (1) ; et justice haute, moyenne et basse, la dite vente faite moyennant 20,600 livres tournois. Après quittance des droits seigneuriaux donnée à l'acheteur par la seigneurie de Dargies et l'abbaye de Saint-Pierre de Sélincourt, saisine lui fut donnée par celle-ci le 12 décembre 1644 (2) ; et par celle-là le 14 octobre 1645 (3).

Après cette acquisition, Jean d'Arie et Françoise Leclerc, sa femme, vendirent le 9 octobre 1644 le fief d'Herculet, mouvant de la seigneurie de Catheux, à Charles Barentin, conseiller du roi, président de la chambre des comptes, seigneur d'Hardivillers, du Plessier, Maisoncelle et autres lieux, demeurant à Paris, rue des Deux Portes, paroisse de Saint-Jean en Grève, la dite vente faite moyennant 34,000 livres (4) ; d'Arie passa alors sa dette de 20,600 livres envers François de Carvoisin sur la tête de Barentin, son débiteur de 34,000 livres (5) ; et sa créance de 20,600 livres, François de Carvoisin la passa jusqu'à concurrence de 20,000 livres pour payer ses dettes, à Gilles de Carvoisin, son frère, seigneur d'Achy, gentilhomme de la chambre du duc d'Orléans, le 26 janvier 1645 (6).

Quelques jours avant le 19 janvier 1645, saisie avait été faite à la requête de M. le Tanneur dans les mains de d'Arie de ce qu'il

(1) C, 13.
(2) C. 8.
(3) C. 6.
(4) C. 4.
(5) C. 12.
(6) G. 12.

devait à M. de Carvoisin, jusqu'à concurrence de 540 livres (1).

Ce fut Barentin qui paya cette somme, ainsi que 20,000 livres à d'Arie, qui les passa à Gilles de Carvoisin, le 7 février 1645, créancier délégué par son frère (2).

Sur le reste de la somme due par Barentin à d'Arie, 1101 livres, 8 sous, 7 deniers, furent payées à sa sœur Geneviève d'Arie, pour sa part des successions paternelle et maternelle, somme devant rester déposée dans les mains d'Anne de Belloy, veuve de René Damphernet, président du parlement de Bretagne, jusqu'à ce que Geneviève fût pourvue par mariage, ou ait fait profession de religion. 23 mai 1645 (3).

Jean d'Arie avait une autre sœur, Marguerite d'Arie, qui, le 31 janvier 1654, donna son consentement à l'achat du fief d'Herculet, à l'achat de la terre de Frocourt, et au contrat passé entre François et Gilles de Carvoisin, et Barentin, et renonça à son hypothèque sur la terre d'Herculet, garantissant une dette de 1,800 francs que d'Arie devait lui payer sur le prix de vente de la dite terre suivant contrat du 11 juin 1649 (4).

Les acquisitions de Jean d'Arie furent celles de 150 verges de terre à Frocourt vendues par Charles et Thomas Legrand, moyennant 76 livres 12 deniers, le 26 avril 1647 (5); de 50 verges de terre à Dargies, mouvant de ladite châtellenie et vendues par François Le Vasseur, demeurant à Frocourt, moyennant 34 livres 12 deniers, dont saisine lui fut donnée par la châtellenie de Dargies, le 27 février 1648 (6); et de 5 journaux, 5 verges et demie de terre, au chemin de Baillon, vendus par Thomas Legrand, de-

(1) R. 9.
(2) C. 2.
(3) C. 1.
(4) C. 3.
(5) B. 11.
(6) D. 7.

meurent à Frocourt et arpentés par Geoffroy du Saulchoy à raison de 23 pieds et demi la verge, et de 11 pouces le pied, le 9 avril 1652 1).

Le 6 juin de la même année, il donna à François de Riencourt, chevalier, seigneur de la châtellenie du village de Dargies, le dénombrement des terres relevant de la dite seigneurie, acte dans lequel il prit le titre de seigneur de Frocourt. Ces terres étaient : 10 journaux de terre tenant aux Larris ; 52 journaux, 25 verges tenant au chemin des Malavisés ; 1 journal et demi à la Gaste ; 2 journaux tenant au chemin de Frocourt à Dargies ; 6 journaux et un quart à La Haye et 5 journaux en 2 pièces (2).

Concurremment avec Jean d'Arie, prenait le titre de seigneur de Frocourt, François d'Anglos, écuier, demeurant à La Haye, ainsi qu'il apparaît dans une vente du 13 juillet 1649 à lui faite par Charles Boutillier, marchand, et Jeanne Friot, sa femme, demeurant à Frocourt, d'un journal de terre à Frocourt, tenant au chemin et mouvant de l'abbaye de Saint-Pierre de Sélincourt, moyennant 12 livres, 12 deniers tournois (3).

Marguerite d'Arie, sa sœur, demeurant à Frocourt, avait fait plusieurs acquisitions.

Elle acheta : le 21 janvier 1648, de Charles Legrand, laboureur, à Frocourt, un journal et 50 verges de terre à Frocourt, mouvant de l'abbaye de Saint-Pierre de Sélincourt, moyennant 50 livres 42 deniers (4) ;

Le 17 février 1648, de Pierre Dacquest, laboureur à St-Romain, et d'Anne de Sailly, sa femme, un journal et demi de terre, en une pièce sise à Frocourt, tenant au Chemin du Moulin, mouvant

(1) B. 16.
(2) D. 1.
(3) F. 8.
(4) B. 6.

de la châtellenie de Dargies, moyennant 112 livres, 10 sous, 12 deniers (1);

Le 26 juin 1651, de Médard Becquerel, laboureur à Dargies, 100 verges de terre à Frocourt, au Chemin du Moulin, moyennant 80 livres, 20 sous, 12 deniers (2);

Le 27 juin 1651, de François Vasseur, demeurant à Frocourt et Marie Legault, sa femme, 80 verges de terre à Dargies, moyennant 22 livres, 10 sous, 12 deniers (3);

Le 14 mai 1652, des mêmes, une masure à Frocourt, tenant à la rue, contenant 3 quartiers, moyennant 285 livres, 12 deniers, plus 6 livres et 40 sous, ladite masure mouvant de l'abbaye de St.-Pierre de Sélincourt (4).

Auguste-François Salmon.

En 1654, Jean d'Arie avait perdu sa seconde femme, Françoise Leclerc, qui lui avait laissé des enfants mineurs (5).

En 1655, le titre de seigneur de Frocourt n'est plus porté par Jean d'Arie, mais par Auguste-François Salmon, écuier, futur époux de Marguerite d'Arie : c'est ce que l'on peut constater dans un acte de vente faite au dit Jean d'Arie, écuier, seigneur d'Hardivillers, par Marguerite d'Arie, demeurant à Frocourt, assistée d'Auguste-François Salmon, écuier, seigneur de Frocourt et son futur époux, de une maison, chambre, étable, cour et jardin à Frocourt; d'un demi journal de 50 verges de terre tenu de l'abbaye de Saint-Pierre de Sélincourt; de 100 verges de terre au Chemin du Moulin, de la même mouvance; d'un journal et demi

(1) D. 13.
(2) C. 16.
(3) C. 12.
(4) L. 8.
(5) C. 3.

de terre à Dargies tenu de la dite châtellenie ; de 80 verges au dit terroir, et de la même mouvance ; d'un journal et demi de terre à Dargies, au Chemin du Moulin, la dite vente faite moyennant 596 livres. La quittance de la dite somme donnée à Jean d'Arie le 8 novembre suivant nous apprend que Marguerite d'Arie et Auguste-François Salmon étaient mariés (1). Ce dernier était propriétaire à Sentelie (2).

Antoine d'Arie.

Le fils et héritier de Jean d'Arie fut Antoine d'Arie. En 1663, on le voit prendre le titre de seigneur de Frocourt, et d'époux de Gilleberte de Villelongue (1).

Ses acquisitions furent nombreuses :

Il acheta d'abord de M. des Alleux son bien de Sentelie (Somme), mouvant de la châtellenie de Dargies (4) ;

Le 29 avril 1662, de Nicolas Lecointe et Charlotte Tranel, sa femme, 100 verges de bois taillis dans le bois de Frocourt, moyennant 60 livres (5) ;

Le 6 octobre 1663, de Pierre Magnin, marchand à Guizancourt, 3 quartiers de terre à Frocourt, mouvant de l'abbaye de Saint-Pierre de Sélincourt, moyennant 45 livres (6) ;

Le 17 avril 1664, 6 journaux de terre à Frocourt, à 100 verges le journal, appelés les Marais, au chemin de la Haye à Frocourt, mouvant de l'abbaye de Saint-Pierre de Sélincourt, de Pierre Lefort, ancien greffier du grenier à sel de Grandvilliers, contre échange de un journal 80 verges de terre, au terroir de Dargies,

(1) C. 11.
(2) D. 10,
(3) L. 24.
(4) D. 9.
(5) L. 23.
(6) L. 24.

lieu dit la Mothe, tenant au chemin d'Amiens; 160 verges de terre audit terroir au chemin de Frocourt à Dargies; 100 verges de terre à Frocourt au Chemin du Moulin; 190 verges de terre à Dargies au lieu dit le Gros Hêtre, et 120 verges au dit terroir, tenues de la châtellenie de Dargies, et de l'abbaye de Saint-Pierre de Sélincourt (1);

Le même jour, du même propriétaire, 6 journaux de terre à 80 verges le journal, à Dargies, au Chemin des Chasse-Marée, contre échange de 6 journaux de terre de même contenance, au même terroir, au Chemin des Chasse-Marée (2);

Le 25 mai 1666, de François d'Amiens, 42 à 50 journaux de terre et 3 quartiers de pré, en plusieurs pièces, à Frocourt, moyennant 1,300 livres, dont saisine lui fut donnée le 22 octobre 1667 par l'abbaye de Saint-Pierre de Sélincourt, avec cette observation que la qualité de seigneur de Frocourt, prise par d'Arie au contrat de vente ne peut préjudicier en rien aux droits de seigneurie de l'abbaye (3); il avait acquis du même, 40 journaux de terre et 3 journaux de pré en plusieurs pièces lieu dit la Maison Blanche; 42 verges de pré à la rivière du petit moulin; 4 masures au terroir de Saint-Romain; 5 quartiers de pré à Eramecourt, tenus du seigneur de Créquy et 2 journaux de bois et 2 journaux de terre, au terroir de Guizancourt, tenus de la seigneurie de Dargies, la dite vente faite moyennant 4,020 livres (4);

Le 30 juillet 1655, de François d'Anglos, une pièce de terre à Frocourt, moyennant 105 livres (5);

Les 14 janvier et 27 octobre 1670, de Jacques et Nicolas Lhostel-

(1) D. 3.
(2) D. 2.
(3) A. 19.
(4) A. 19.
(5) E. 9.

lier, manouvrier à la Haye et Madeleine Lhostellier, une masure à Frocourt, tenant à la rue, moyennant 120 livres (1) ;

Le 7 mars 1675, de François Hardi, le jeune, laboureur à Eramecourt (Somme), et Louise Bourdon, sa femme, une maison à Frocourt, contre échange de 2 journaux de terre sis au chemin de Saint-Romain à Frocourt, paiement de 15 livres, et obligation de prêter 2 chevaux pendant 2 jours pour labourer les 2 journaux (2) ;

Le 1er avril 1678, de Charlotte Tranel, veuve de Nicolas Lecointe, 100 verges de terre en friche, mouvant de l'abbaye de Saint-Pierre de Sélincourt, moyennant 60 livres (3) ;

Le 20 mai 1680, de Claude Desmarest, héritier de Marie Laignel, veuve de François Hucher, 154 livres à lui dues aux termes des conventions matrimoniales passées entre la défunte et son mari, moyennant 75 livres comptant, et 79 livres payables à la Toussaint, 20 mai 1680 (4) ;

Le 17 juin 1688, de Pierre Lefort, ancien greffier du grenier à sel de Grandvilliers, 6 journaux de terre à Frocourt, au chemin de Frocourt à La Haye, tenus de l'abbaye de Saint-Pierre de Sélincourt, contre 80 verges de terre à Dargies au lieu dit La Mothe, chemin d'Amiens ; 160 verges au chemin de Frocourt à Dargies ; 20 verges de terre à Frocourt, au Chemin du Moulin ; 190 verges situées à Dargies, et 120 verges de terre au Chemin du Moulin, le dit échange fait pour 27 ans (5);

En 1698, de Jacques Hardi, le jeune, laboureur à Eramecourt, 10 verges de masure à Frocourt, à titre de *datio in solutum* d'une

(1) F. 1.
(2) E. 2.
(3) L. 22.
(4) L. 10.
(5) E. 11.

dette de 17 livres à laquelle il était obligé comme héritier de Jeanne Bourdon (1) ;

Ses actes d'administration qui donnent, comme les contrats d'acquisition, des renseignements sur la valeur des terres, sont les baux suivants : le 9 avril 1688, à Jacques Dacquest, laboureur à Dargies, de 10 journaux de terre à 100 verges le journal, à Frocourt, au chemin d'Amiens, appelés le camp de Pissis, pour 12 ans, moyennant 35 livres payables à la Saint-André (2) ;

Le 5 décembre 1674, à François de Rebeck, voiturier à Frocourt, de 15 journaux de terre en 4 pièces à 80 verges par journal, la première de 5 journaux à la haie vive et au chemin de Frocourt à La Haye, et au chemin du moulin ; la seconde de 5 journaux au chemin des Chasse-Marée ; la troisième de 3 journaux tenant au riez ; la quatrième de 2 journaux au grand chemin, et de 25 verges de pré aux prairies de Baillon, tenant aux deux rivières, pour 9 ans, moyennant 65 livres (3) ;

Le 1er février 1676, à François de Rebeck, voiturier à Frocourt, de 2 masures et 2 maisons à Frocourt; un journal de terre audit terroir, au chemin de Saint-Romain ; un journal de terre à Dargies, tenant au riez, et 2 journaux de terre au même lieu, pour 3 ans, moyennant 20 livres (4) ;

Le 13 mars 1681, à Jacques Hardi, laboureur à Eramecourt, de 11 journaux, 55 verges de terre, en 3 pièces, au terroir d'Eramecourt, la première de 4 journaux, 40 verges, faisant moitié de 8 journaux, 80 verges, tenant au chemin d'Eramecourt, au bois d'Archemont et au chemin de Saint-Léon ; la seconde de 3 journaux, 65 verges, tenant au dit bois et au chemin y condui-

(1) E. 3.
(2) X. 33.
(3) R. 26.
(4) R. 3.

sant ; la troisième de 4 journaux appelés les Bouillets, y compris la bordure du bois tenant au bois de Pozières ; une pièce de terre audit terroir, contenant un journal ou environ, près le bois de Baillon ; une autre pièce de terre au terroir de Dargies ; un quartier de pré à foin sis aux prairies d'Eramecourt à prendre par indivis en un journal tenant au cours de l'eau et la moitié d'une masure à Eramecourt, tenant à la rue et au cimetière, pour 3, 6, 9 années, au choix respectif des parties, moyennant 45 livres, une journée à 3 chevaux et les censives montant à 31 sous et 3 quarterons d'œufs (1) ;

Le 15 mars 1681, à Charles Lecointe, laboureur à St.-Romain, et Catherine Magnier, sa femme, de : 8 journaux de terre en une pièce, au terroir de Saint-Romain, tenant à la ruelle et au bois de Saint-Romain ; 4 journaux de terre au riez ; un demi journal de pré aux prairies de Saint-Romain, tenant à la rivière, pour 3 ans ; avec un quartier de pré pris en trois journaux tenant à la rivière ; 2 journaux de terre tenant au chemin du moulin, et 6 journaux de terre appelés la Maison Blanche, tenant au chemin du moulin, pour 9 ans, le tout moyennant 85 livres (2) ;

Le 27 octobre 1691, à Henri Sellier, laboureur à Frocourt, Jacques Grandet et Nicolas Lhostellier, laboureur à La Haye, de toutes ses terres au terroir de Frocourt, Dargies, Saint-Romain et la Haye, sauf 10 journaux de terre au camp de Pissis, affermés à Jacques Grandet, pour 6 ou 9 ans, au choix respectif des parties, plus 2 journaux de pré dans les prairies d'Eramecourt, nommés les prés de Taussac touchant à la chaussée, à la rivière et au ruisseau ; 4 journaux de pré sis aux terroirs d'Eramecourt et Frocourt, dont 2 journaux restant de la pièce ci-dessus, et 2 autres au terroir de Frocourt tenant aux rivières et aux prés de la Commanderie

(1) X. 11.
(2) D. 1.

de Sommereux, pour 6 ou 9 ans, au choix respectif des parties, moyennant 100 livres et 200 de foin (1) ;

Le 29 janvier 1698, à Jacques Grant, demeurant à La Haye, 10 journaux de terre à Frocourt, au chemin d'Amiens, pour 9 ans, moyennant 30 livres ; en 1699, à Jacques Hardi, laboureur à Eramecourt, une masure tenant d'un bout à la rue et de l'autre au cimetière ; un pré d'un journal tenant à la rivière ; un journal et demi à la Fontaine du Quesne ; 8 à 9 journaux de terre tenant au chemin de Saint-Léon, au bois d'Archémont, et à la rue de Saint-Léon ; 7 à 8 journaux appelés La Hèze, tenant au chemin d'Eramecourt et au bois d'Archemont, dont il y a 8 ou 10 verges en bois ; 4 journaux de terre, appelés les Bouillets, tenant au bois de Pozières ; 4 journaux de terre à la Haye aux Loups, en 2 pièces, tenant au chemin de Dameraucourt et au bois de Pozières ; 8 journaux en la vallée du Hêtre, tenant au bois de Pozières ; 7 à 8 journaux en la petite vallée menant de Baillon à Redderie, tenant au bois de Pozières, et au terroir de Dargies ; 11 à 12 journaux de terre en la vallée de Baillon, tenant au chemin de Baillon à Redderie ; 2 journaux tenant au chemin de Dameraucourt à Baillon et au bois de Pozières, ledit bail fait moyennant 200 livres, 6 livres de cens à payer, et 300 d'œufs ;

Au même, d'une pièce de 7 journaux de terre à Eramecourt, en la vallée de Pozières, au chemin de Baillon à Redderie, dont une partie est en bois, tenant d'un côté au bois de Pozières et de l'autre au terroir de Dargies et au chemin de la vallée du Hêtre ; d'une autre pièce en jachère de 6 journaux, tenant au chemin de la Redderie et au rideau, et de 4 journaux et demi de terre audit terroir en la vallée du Hêtre, tenant au bois de Pozières et au chemin de la vallée du Hêtre, pour 9 ans, moyennant 40 livres et 48 sous et deniers de cens à payer au receveur d'Equennes.

(3) R. 24.

L'étendue de la terre de Frocourt à cette époque est consignée dans deux aveux et dénombrements donnés par Antoine d'Arie, tant en son nom que comme curateur d'Antoine d'Arie, son fils, écuier, seigneur de Feuquières, l'un à l'abbaye de Saint-Pierre de Sélincourt le 10 septembre 1681, et l'autre à Jean-Augustin de Riencourt, chevalier, seigneur d'Orival et Bergicourt, et châtelain de Dargies.

De l'abbaye de Saint Pierre de Sélincourt, d'Arie tenait :

1° Une mazure amazée de maison, colombier, granges, pressoir et autres bâtiments, cour, jardin, enclos, contenant 440 verges y compris quelques portions de bois défrichés et enclos tenant à la rue et au chemin des Malavisés, moyennant 13 sous, 6 deniers, sans dîme;

2° Une portion de mazure touchant audit article, tenant à la rue, moyennant 5 sous, 4 deniers, sans dîme;

3° Une autre portion de mazure, touchant audit article, moyennant 1 sou, 9 deniers, sans dîme;

4° Une autre mazure, moyennant 4 sous, sans dîme;

5° 10 journaux de bois en partie défrichés et enclos de murs tenant au chemin de Baillon et à celui des Malavisés, moyennant 20 sous;

6° 2 journaux de pré tenant à la rivière, moyennant 8 sous et demi-dîme;

7° 5 journaux et demi de terre tenant au chemin de Frocourt à Baillon et au riez, moyennant 5 sous et demi-dîme;

8° Un journal et demi de terre, tenant au riez, moyennant 3 sous et demi-dîme;

9° 3 quartiers de terre au chemin de Frocourt à La Haye, moyennant 18 deniers et la dîme;

10° 3 journaux de terre au chemin des Charbonniers aux Deux-Moulins et à celui de Frocourt à La Haye, moyennant 6 sous et demi-dîme;

11° Un journal de terre tenant au chemin de Frocourt à La Haye, moyennant 2 sous et la pleine dîme ;

12° 6 journaux tenant au chemin de La Haye à Grandvilliers et de Frocourt à La Haye, moyennant 12 sous, 6 deniers et pleine dîme ;

13° Un journal au chemin de La Haye à Grandvilliers, moyennant 1 sou et pleine dîme ;

14° 3 quartiers de terre touchant à l'article ci-dessus, moyennant 18 deniers et la dîme ;

15° 3 journaux de terre au chemin de La Haye à Grandvilliers, moyennant 6 sous et la dîme ;

16° Un journal et demi-quartier de terre, moyennant 2 sous et la dîme ;

17° Un journal de terre au chemin de Frocourt à Saint-Romain, moyennant 2 sous et la dîme :

18° 12 journaux de terre au chemin de Dargies à Frocourt, moyennant 24 sous et la dîme ;

19° 7 journaux de terre au chemin de   , moyennant 5 sous et la demi-dîme ;

20° Un journal et demi de terre au chemin du Moulin et au chemin de Frocourt à La Haye, moyennant 3 sous et pleine dîme ;

21° 10 journaux de terre, moyennant 20 sous et la dîme.

10 *Septembre* 1681.

De la châtellenie de Dargies il tenait :

1° 10 journaux de bois en une pièce à Dargies, tenant au Chemin des Malavisés, allant de Sommereux à Esquennes, moyennant 10 s. ;

2° 66 journaux, 5 verges au Chemin des Malavisés et à celui de Tenvoie, menant du val de Dargies à Frocourt et au chemin menant de Sommereux à Frocourt, à celui de La Haye à Grandvilliers et au riez, moyennant 46 sous, 2 deniers ;

3° 6 journaux, 1 quartier au terroir de La Haye, tenant au chemin du moulin et à celui de La Haye à Grandvilliers, moyennant 18 sous ;

4° Un journal et demi au terroir de Dargies, lieu dit la Gatté, tenant au riez, moyennant 12 deniers ;

5° 2 mazures, appelées Blanche-Maison, au terroir de Saint-Romain, au chemin du moulin, contenant 100 verges avec 42 vergés de pré, moyennant 10 sous et 2 chapons ;

6° La moitié d'une mazure et dépendances, sise à Saint-Romain, tenant au bois de Saint-Romain, moyennant 3 sous et 5 quarts de chapons ;

7° 3 autres mazures et terres à Saint-Romain, touchant audit bois, moyennant 2 chapons 3 quarts et 37 sous 6 deniers ;

8° 3 journaux de pré à Saint-Romain tenant à la rivière, moyennant 58 sous ;

9° 4 journaux de bois appelés le Bois-Bruslé à Saint-Romain, touchant au terroir de Guizancourt et au riez, moyennant 5 sous. 14 *Août* 1683. — (1).

En 1674, il avait pris le titre de seigneur de Guizancourt. (2).

Un procès-verbal d'arpentage du 9 juin 1690 donne en outre la contenance d'un canton de terre appelé La Hayette au terroir de La Haye, tenant aux haies de La Haye et au chemin de La Haye à Grandvilliers, appartenant à d'Arie et contenant en total 16 journaux 65 verges et demie, à la mesure de Dargies, à savoir le journal à 80 verges, la verge à 23 pieds et le pied à 11 pouces (3).

D'Arie s'était efforcé de conserver l'usage du cours d'eau venant d'Éramecourt. A cet effet, le 20 juin 1677, il avait adressé une requête au bailli de la principauté de Poix (4). Ce droit d'usage avait été reconnu sur la rivière du moulin de Saint-Romain à Jean d'Arie, son père, par une sentence du bailliage de la seigneurie de Frocourt du 2 juin 1647 pour l'abbaye de Saint-Pierre de Sélin-

(1) D. 4.
(2) X. 11.
(3) D. 6.
(4) L. 3.

court, qui avait condamné Germain Françon, meunier du moulin de Saint-Romain, à réparer une étanche rompue sur la rivière du moulin, dont avait jouissance le propriétaire de Frocourt (1).

D'Arie, d'autre part, fut assigné le 29 juillet 1690 à comparaître en la cour de l'abbaye, pour se voir condamné à payer une amende de 75 sous et les dépens pour avoir arraché une haie vive au chemin de Frocourt à La Haye, labouré ledit chemin et fait planter des arbres sans l'autorisation de l'abbaye, et à démolir son pigeonnier.

Procès entre Antoine d'Arie, seigneur de Frocourt et François Labitte, curé de Saint-Romain et Frocourt.

En 1691, nous voyons Antoine d'Arie engagé dans un procès contre M. François Labitte, curé de Saint-Romain, vicaire de Frocourt, au sujet de la dîme. Le curé de Saint-Romain, en effet, était obligé à célébrer tous les dimanches et fêtes une messe basse, à conférer et administrer les sacrements aux habitants de Frocourt, moyennant 75 livres et les menues dîmes de laine, cochons, poulets, volailles, fruits croissant sur les arbres, et droits curiaux de mort, mariage et baptême, et les offrandes. Cela paraît dans un accord du 27 novembre 1663, entre l'abbaye de Saint-Pierre de Sélincourt, curé primitif de la chapelle de Frocourt, et Pierre Trincart, curé de Saint-Romain, vicaire de Frocourt, accord à la suite duquel l'évêché d'Amiens annexa la chapelle de Frocourt à l'église de Saint-Romain, sur la demande de l'abbaye de Saint-Pierre de Sélincourt, et avec consentement des habitants de Frocourt. 20 novembre 1663. (2).

Le 21 novembre 1693, ajournement à comparaître au bailliage

(1) N. 2.
(2) D. 6.

d'Amiens fut donné à François Labitte, pour se voir condamné à payer une somme de 50 livres pour 3 muids de cidre à lui fournis, et un prêt fait par d'Arie, de laquelle somme doivent être soustraites 6 livres pour prix d'un obit, et 15 sous payés par Labitte en l'acquit de d'Arie à un maréchal de Grandvilliers.

Le 20 novembre suivant Labitte répliqua par une requête audit bailliage, tendant à ce que d'Arie fût condamné à lui payer les menues dîmes de Frocourt. Le 15 mars suivant, il repoussa directement la demande de d'Arie, par ce motif que le prix des deux premiers muids de cidre était plus que compensé par une dette de 21 livres 15 sous, et que le prix du troisième muid était également plus que compensé par la dette des prestations de 4 années des menues dîmes. Le fondement de cette réponse fut nié par une réplique de d'Arie du 5 avril. Le 30 avril Labitte maintint sa prétention que la fourniture de cidre ne lui avait été faite qu'en paiement des menues dîmes. Cette prétention fut repoussée le 7 juin par d'Arie.

Le 16 juin, l'abbaye de Saint-Pierre de Sélincourt requit son intervention au procès, à laquelle d'Arie fit opposition le lendemain, et qui fut admise le 21 juin par la Cour qui, le 28, condamna Labitte à payer à d'Arie 30 livres pour 2 muids de cidre, sauf à lui à répéter ladite somme, en cas d'adjudication du droit de dîme, dépens réservés ; et ordonna en même temps le délibéré et la remise des pièces en les mains de M. Le Caron d'Avesnes, conseiller à la Cour. Pendant le cours de cette instance, d'Arie demandait autorisation de citer en diffamation Labitte pour écrit contenant propos injurieux contre lui. Labitte en même temps réclamait les dîmes de 1690 à 1695, et demandait la fixation de la quotité des fruits perçus pendant ces 5 années, et le 16 février 1698, il assignait également en paiement les habitants de Frocourt, sous peine de cesser le service dans la chapelle, et le service ayant cessé, les habitants faisaient requête au bailliage tendant à ce qu'il fût retenu à Labitte 3 livres par chaque dimanche ou fête où il n'aurait pas célébré la messe à Frocourt, laquelle somme serait remise à la fabrique pour être employée en achat de terres à son profit.

En même temps lesdits habitants sommaient Labitte de comparaître au bailliage pour se voir condamné à payer à d'Arie 48 livres pour 6 années de revenus d'un journal et 87 verges de terre au chemin du moulin, et à restituer les dites terres et divers objets mobiliers par lui enlevés à l'église ; ils sommaient en même temps l'abbaye de Sélincourt comme curé primitif et gros décimateur de rétablir le service délaissé par le curé, et de comparaître au bailliage pour les indemniser du dommage causé.

Le 9 mai, la maison et les meubles de Labitte, à Frocourt, furent saisis en exécution de la sentence du 28 juin 1695, le condamnant à payer 30 livres à d'Arie. Labitte, le 18 mai, fit opposition à la saisie par ce motif que des 30 livres il avait payé 19 livres 10 sous dont il avait quittance, et qu'il avait droit au restant, 10 livres 10 sous, pour frais de voyage. Le 8 août, les parties convinrent de remettre le jugement de la cause à des arbitres, et ils choisirent en cette qualité Charles Forcedebras, prêtre, docteur en théologie, et chanoine-archidiacre d'Amiens, et Louis Le Caron d'Avesne, chanoine de la cathédrale, conseiller au bailliage et siège présidial d'Amiens, qui le 5 novembre rendirent une sentence aux termes de laquelle des 30 livres en question, déduction devra être faite à Labitte de 19 livres 18 sous, et les 10 autres livres 10 sous demeureront compensés avec les frais de saisie et de voyage, à moins que d'Arie n'aime mieux qu'ils soient taxés. Le 26 novembre signification fut faite à d'Arie d'avoir à comparaître à quinzaine au bailliage d'Amiens pour voir homologuer la dite sentence.

Le 29 décembre, d'Arie mandait à son procureur d'opposer à la sentence arbitrale l'exception d'avoir été rendue sur papier commun ; et au cas où néanmoins elle serait homologuée, de demander une expertise.

Le 26 février 1699, une ordonnance du présidial nommait comme juge-commissaire en la cause, M. de Montmignon, conseiller au bailliage d'Amiens, avec injonction aux parties de lui remettre les pièces. Le 26 mars, une sentence déboutait Labitte de sa demande d'homologation de la sentence arbitrale. Le 12 mai, Labitte forma opposition, et le 19 mai le bailliage commit M. de Montmignon pour en connaître. Le 2 juillet, une sentence intervint contre Labitte, et le lendemain les dépens obtenus par d'Arie furent taxés. Le 13 juillet, Labitte interjeta appel des sentences du 26 mars et 2 juillet. Le 4 mai précédent, d'Arie avait renouvelé son action en diffamation contre Labitte ; et le 16 juin avait fait agréer par le bailliage d'Amiens une requête tendant à ce que ledit bailliage prît connaissance de la demande contre lui faite par l'abbaye de Saint-Pierre de Sélincourt de 29 années de censives à raison de 9 livres par an, et d'une poursuite intentée contre Etienne Belhomme, charron, et Philippe Boullenger, laboureur à Dargies, pour être condamnés à 100 livres d'amende pour avoir abattu des ormeaux dans les haies de Frocourt, dont l'abbaye prétend avoir la voirie, quoiqu'elle sache que c'est d'Arie qui les a vendus aux accusés à la prière du père Froissart, précédent prieur, pour se rembourser de plusieurs sommes à lui dues par la dite abbaye.

Réparations à l'église de Frocourt.

La fabrique de l'église de Frocourt est mentionnée comme propriétaire d'un journal de terre tenant à la rue, et de 2 autres journaux ; elle donnait ces terres en location. L'entretien du chœur et de la nef de l'édifice incombait à l'abbaye de Saint-Pierre de Sélincourt, comme gros décimateur. Des lettres du prieur, M. Froissart, à M. d'Arie, lui annoncent, pour cet entretien, l'envoi de chevrons, de lattes, de clous, de tuiles, de couvreurs et de maçons, pour les travaux de couverture, après lesquels on pourra faire donner la bénédiction par l'évêque, et célébrer la messe.

Ces missives de l'année 1697 contiennent en même temps la nouvelle de dons d'une aube, d'un missel, d'un tableau de sainte Madeleine. Le 4 juillet 1698, Henri Feydeau de Brou, évêque d'Amiens, leva l'interdit prononcé par son archidiacre sur la chapelle de Frocourt, les habitants ayant satisfait en majeure partie à leurs obligations, à condition néanmoins que la nef serait couverte de tuiles, et les autres réparations exécutées avant le 1er novembre, délai qui, par lettre épiscopale du 7 novembre, fut prolongé jusqu'au 1er mai suivant. A ces injonctions, d'Arie répliqua, le 4 mars 1699, en son nom et en celui des habitants de Frocourt, en demandant à l'officialité d'Amiens à ce que l'abbaye de Saint-Pierre de Sélincourt fût condamnée à couvrir le chœur et la nef de l'église et à réparer les fonts baptismaux: l'officialité autorisa les poursuites. Le 13 avril, signification fut faite à l'abbaye de comparaître en la Cour épiscopale pour se voir condamnée à l'exécution des dites demandes, et en outre à faire célébrer la messe en l'église de Frocourt, et tous les devoirs curiaux, par son vicaire, ce à quoi l'abbaye est tenue en sa qualité de curé primitif et gros décimateur.

Le 30 mai, d'Arie reçut de M. de Cermoise, curé de Thieulloy-l'Abbaye et Fay, une lettre à lui adressée en son château de Frocourt, lui annonçant que le prieur de Sélincourt veut bien contribuer pour sa part aux réparations qu'il a faites par ordre de son prédécesseur dans la chapelle; qu'il n'empêche pas que le curé de Saint-Romain ne célèbre le service les dimanches et les fêtes ainsi qu'il a été convenu par compromis; que quant au rétablissement des fonts baptismaux, il prétend que le baptême doit être administré dans la paroisse appartenant à l'abbaye; qu'il veut bien qu'on lève l'interdiction mise sur la chapelle; que quant aux dîmes sacramentelles, d'Arie ne peut refuser de les payer au curé qui administre les sacrements; et que finalement il demande la cessation de toute poursuite. Divers travaux étaient alors exécutés à l'église et payés par M. de Frocourt.

Le 12 mai, il donna 54 sous à Nicolas Martin, maître charpentier à Dargies pour 3 jours de réparations à la nef ; le 13 juin, il paya 8 livres à Pierre Bacqueret, couvreur de tuiles à Dargies pour avoir fait 18 toises de couverture à neuf en tuiles, au mois d'avril, suivant prix fait avec le père Froissart, et 20 sous pour avoir aidé environ un jour et demi le charpentier à découvrir le chaume qui était sur l'église, opération pour laquelle il lui a fourni en outre un demi pot de cidre à chacun de ses repas ; le 22 juillet, il donna 48 livres à Nicolas Marille, briquetier, pour livraison de 6,000 tuiles à l'église.

Plusieurs années après, on voit Madame de Frocourt payer : le 1er mars 1702, 35 sons à Antoine Lesec, vitrier à Grandvilliers, pour un panneau de vitre refait ; le 13 décembre, 5 sous pour avoir remis 5 carreaux ; le 24 décembre 1712, 40 livres à Pierre Damonneville, cirier, à Grandvilliers, pour 10 livres de cire en 40 cierges de 1708 à 1712 ; le 20 juillet 1704, 4 livres à Antoine Lesec pour réparations aux vitres ; le 28 octobre, 65 sous pour mêmes travaux en 1700, 1702, 1704 ; le 25 avril 1708, 4 sols pour mise de 4 carreaux ; le 4 mars 1709, 40 sous pour réparation aux vitres ; le 3 septembre 1709, 10 sous pour mise de carreaux ; le 4 mars 1709, à Pierre Damonneville, 24 livres 6 sous pour cire fournie de 1702 à 1707 et le 31 décembre 1707, 7 livres à Nicolas de la Paix, demeurant à Dameraucourt pour avoir refondu les cloches ; le 4 février 1711, 4 sous à Lesec pour pose de 4 carreaux au chœur ; le 25 mai 1720, à Nicolas Huret, couvreur, 100 sous pour réparation, et 52 sous 6 deniers à Antoine Lhotellier pour même travail.

La femme d'Antoine d'Arie, Gilleberte de Villelongue, était morte en 1681 (1).

Il en avait un fils, Antoine d'Arie, écuier, seigneur de Feuquières, ayant ses biens propres, et ayant laissé à ce titre quelques actes d'administration. Le 15 janvier 1676, il acquit de François Hucher,

---

(1) X. 11.

serviteur de charrue, demeurant à Thieuloy, 2 maisons sises à Frocourt, sur la rue ; un journal de terre au chemin de St.-Romain ; 2 journaux de terre à Dargies au riez, et un journal de terre audit terroir, moyennant 150 livres (1).

Le 8 mars 1684, il donna à bail à Jacques Hardi, laboureur à Eramecourt: 11 journaux 65 verges de terre, en 3 pièces, à Eramecourt, la première contenant 4 journaux 40 verges faisant moitié de 8 journaux 80 verges, tenant au chemin qui conduit d'Eramecourt au bois d'Archemont, et d'autre côté au chemin de Saint-Léon ; la deuxième pièce contenant 3 journaux 75 verges, faisant moitié de 7 journaux 30 verges, tenant au bois d'Archemont et au chemin conduisant audit bois ; la troisième contenant 4 journaux, appelée les Bouillets, y compris la bordure du bois, tenant au bois de Pozières, en jachère ; une autre pièce contenant un journal, près le bois de Baillon ; un journal et demi au terroir de Dargies, appelé la Gatte, tenant des deux bouts aux friches ; 4 journaux en la vallée de Pozières et au chemin du Hêtre ; 7 journaux en jachère en la petite vallée de Pozières, tenant d'autre côté au terroir de Dargies; 6 journaux en jachère en la vallée, tenant au chemin de Baillon à Redderie ; 1 quartier de pré pris en un journal tenant à la rivière ; la moitié d'une masure à Eramecourt, pour 3, 6, 9 ans, au choix respectif des parties, moyennant 85 livres, une journée de chevaux, et 3 livres 19 sous d'argent, et 3 quarterons d'œufs de cens à payer au seigneur de Créquy.

Ce jeune homme mourut aux armées du roi, où il servait en qualité de garde du corps, au mois de septembre 1694. Son valet ramena son bagage à Frocourt. François Labitte, curé de St.-Romain et Frocourt célébra un service funèbre à son intention en l'église de Frocourt, assisté de plusieurs curés voisins ; et le 11 avril 1701 en fit la déclaration devant la prévôté royale de Beauvaisis à Grand-

(1) L. 14.

villiers, à la prière du père du défunt, pour servir au procès qu'il avait en parlement contre Pierre Lefort, seigneur de la Bucaille, natif de Grandvilliers, demeurant ordinairement à Sommereux, qui avait surpris la religion de la Cour, et obtenu d'elle un arrêt, en 1698, contre ledit défunt, décédé 4 ans auparavant, bien que son décès lui fût parfaitement connu. C'était le fils unique d'Antoine d'Arie et de feue dame Françoise Gilleberte de Villelongue. La sœur de celle-ci, Marie-Thérèse de Villelongue, veuve d'Edmond Augier, seigneur de Saint-Luc, gouverneur de Valogne, fut l'héritière du défunt du côté maternel. En cette qualité, elle se fit délivrer les immeubles suivants de la succession : 42 verges de prairie au terroir de Saint-Romain, tenant en pointe à la rivière ; 2 journaux de terre à Guizancourt, tenant au nord au bois de Guizancourt et au chemin de la Haye audit bois ; 4 journaux de terre à Frocourt tenant à la montagne et au chemin de la mare ; 2 journaux de terre au terroir de La Haye, tenant au bois de La Haye et au chemin de La Haye à Guizancourt ; et 120 verges au terroir de La Haye, tenant au chemin de la mare. Pour se faire délivrer possession de ces biens, elle s'était adressée, le 14 août 1700, à M. Lefort, sieur de Saint-Léon, président du grenier à sel, et maire de Grandvilliers (1).

Anne Dubois.

La veuve d'Antoine d'Arie, chevalier, seigneur de Frocourt, Anne Dubois, en secondes noces veuve de Nicolas de Fay, écuyer, seigneur de Bracquemont, et maintenant femme de Monsieur de Courcelle, fit plusieurs acquisitions : le 11 décembre 1709, elle acheta d'Henri Sellier, laboureur à Frocourt, un quartier de terre ou une pièce au terroir de Frocourt, au chemin de Frocourt à La Haye, mouvant de l'abbaye de Saint-Pierre de Sélincourt à cens de

(1) N. 3.

6 deniers, moyennant 15 livres (1) ;

Le 12 novembre 1710, elle acquit, par échange, de Nicolas Vasseur, laboureur à Guizancourt, 75 verges de terre à Frocourt, audit terroir (2) ;

Le 14 novembre 1714, elle acheta de Jacques Delahaye, manouvrier à Frocourt, et Charlotte Lecointe, sa femme, un journal de terre de 100 verges, fermé d'un côté de haie vive, planté d'arbres fruitiers, tenant au chemin de Baillon à celui de Saint-Romain et au préau de Frocourt, mouvant de l'abbaye de Saint-Pierre de Sélincourt, à cens de 2 sous, moyennant 75 livres, 100 sous et 15 deniers (3).

Louis-Antoine d'Anglos.

Louis-Antoine d'Anglos, chevalier, seigneur d'Orival, avait épousé une fille de d'Arie, Marie-Michelle-Antoinette. Il demeurait à Frocourt. Le 6 août 1730, pour terminer un procès pendant à Paris à la cinquième Chambre des Requêtes avec Félix Auger, écuier, il obtint, moyennant 4,500 livres, sa renonciation à la portion de dot de 11,362 livres stipulée propre de Françoise-Gilleberte de Villelongue, à laquelle il pouvait prétendre comme héritier des propres maternels d'Antoine d'Arie de Frocourt, garde du corps du roi, fils de Gilleberte de Villelongue. Il augmenta ses propriétés par l'achat, le 13 juin 1738, de François Desnoix, garde de bois de M. le comte de Noailles, demeurant à Eramecourt, et Charles Desnoix, fermier à Auvers, près Pontoise, d'une masure de 28 verges, plantée d'arbres fruitiers, sise à Frocourt, tenant à la rue, mouvant de l'abbaye de Saint-Pierre de Sélincourt, moyennant 170 livres 12 deniers ; le 15 février 1742, de Etienne de La Haye, manouvrier à Frocourt, et Marguerite Denoise, sa femme, 3 verges de masure au dit lieu (4).

(1) L. 17.
(2) L. 16.
(3) L. 15.
(4) N. 4.

Marie Anne de Fay.

Louis-Antoine d'Anglos, chevalier, seigneur d'Orival, décéda le 8 avril 1711. Marie-Michelle-Antoinette d'Arie était morte en 1757. Il avait alors l'usufruit des terres de Frocourt dont la propriété appartenait à Marie-Anne Drogon, veuve d'Alexandre-Nicolas-Claude de Fay, chevalier, seigneur en partie de Cempuis et autres lieux, garde du corps du roi. A la mort d'Antoine d'Anglos, Madame de Fay remboursa à Madame d'Anglos 918 livres pour les labours et semailles, somme moyennant laquelle celle-ci abandonna en outre 300 gerbes de blé, des foins, tuiles et ardoises restés dans les bâtiments, le fumier, moyennant 50 livres, jusqu'à jugement d'appartenance, et s'engagea à rapporter les arrérages des censives et les vingtièmes à partir du 1er avril 1771.

Un procès eut lieu entre ces deux dames. Madame d'Anglos mourut, et le 20 juin 1772, Charles Thiron, notaire royal au bailliage d'Amiens, demeurant à Dargies, exécuteur testamentaire de Madame d'Anglos, se désista de son appel interjeté le 17 mars dernier de la sentence rendue par le bailliage d'Amiens, le 11 du dit mois, en faveur de Marie-Anne Drogon, et s'engagea à payer les dépens. Madame de Fay hérita de Antoine-Mathurin Berquier, curé de Marais-Montier, près Montdidier, son cousin germain, et partagea sa succession le 25 mars 1785, avec Jacques-Antoine-Henri Briois de la Bruneterie, bourgeois d'Amiens ; Charles-Marie de Leviston, écuier ; Marie-Angélique Briois, fille majeure, demeurant à Amiens et François-Jean Noël Mortier, avocat en Parlement et juge à Grandvilliers. Le 15 juin 1789, la fille majeure de Madame de Fay, Marie-Anne-Angélique, constitua à sa mère, pour son douaire, sur sa part dans la succession de son père, une rente de 113 livres à partir du 1er juillet. Les biens qui appartenaient alors à Madame de Fay à Frocourt, Taussac et Saint-Romain consistaient en la maison, avec ferme et dépendances contenant 10 journaux, 120 journaux de terre, 25 journaux de bois, 9 journaux et demi de pré, avec droits honorifiques de l'église, droit de chasse et de colombier ; le tout estimé 90,000 livres et chargé de 20 livres de cens.

Chemins

Les chemins mentionnés sur le terroir de Frocourt sont ceux : du Moulin, d'Amiens, de Baillon, des Charbonniers, des Malavisés, d'Equennes à Sommereux.

Mesures et Monnaies.

Les mesures de superficie étaient le journal à 100 ou 80 verges, celui-ci employé ; à Dargies la verge à 26 pieds, le pied à 11 pouces ; celles de capacité étaient généralement empruntées à la Ville de Poix ; les tournois dominaient comme monnaies.

Valeur vénale et locative des terres.

En moyenne, le journal valut au XVIe siècle 20 livres, au XVIIe 60 ; il était loué au XVIe siècle 2 mines de grain ; au XVIIe 3 livres.

Cens.

Au XVIe et au XVIIe siècle le taux du cens était environ 2 sous par journal ; celui de la dîme était plus faible.

Extrait du Bulletin de la Société des Antiquaires de Picardie.
Année 1880, n° 1.

Amiens. — Imp. A. DOUILLET, rue du Logis-du-Roi, 18.

www.ingramcontent.com/pod-product-compliance
Lightning Source LLC
Chambersburg PA
CBHW060709050426
42451CB00010B/1350